Género Ficción histórica

Pregunta esencial

¿De qué modo contribuyen los distintos grupos a una causa?

El huerto de la Victoria

Feana Tu'akoi
ilustrado por Seitu Hayden

I0806031

Capítulo 1
Compra de espinacas

—No es justo —se quejó Betty cuando salían del supermercado y cambió agitadamente la cesta de mano.

—¿Qué no es justo? —preguntó su mamá.

—El racionamiento —dijo Betty, sacudiendo ruidosamente las pocas compras que contenía la cesta.

Sabía que la Segunda Guerra Mundial estaba en marcha, pero no soportaba todas las restricciones.

—Tenemos más dinero desde que papá se alistó como recluta en el ejército, deberíamos poder comprar lo que quisiéramos.

La mamá de Betty suspiró mientras cruzaban la esquina hacia la verdulería.

—Ya hemos hablado de esto —dijo—. Con tantos trabajadores en la guerra, el país no puede producir tanta comida como antes, y mucho de lo que producimos se necesita para las tropas. El racionamiento es una manera prudente de asegurar que todos reciben una porción justa.

—Porción justa —repitió Betty, pescando en su cesta un paquete pequeño de azúcar—. No nos permiten comprar azúcar suficiente para hornear el pastel más diminuto. ¿Cómo va a ser esto justo?

—Es justo porque todos reciben la misma cantidad —dijo pacientemente su mamá—, y no te preocupes porque podemos hornear ese pastel, he ahorrado azúcar de las otras semanas.

Betty suspiró y soltó el azúcar en la cesta.

—No es solo el pastel —dijo—. Estoy cansada de que nunca tengamos lo suficiente.

—Tenemos más que suficiente —dijo su mamá riendo—. ¿No recuerdas cómo fue durante la Depresión? Cuando tu papá estaba desempleado con frecuencia teníamos hambre, pero ahora tenemos mucho para comer.

Betty sabía que no debía quejarse, pero había muchas cosas que quería tener y que no siempre estaban disponibles. Siguió a su mamá por la calle hasta la verdulería y, de repente, una sonrisa iluminó su rostro.

—Al menos tendremos espinacas esta noche, es mi verdura preferida —anunció con felicidad.

Sin embargo, cuando llegaron la puerta estaba cerrada. En una ventana, había un letrero que decía que regresaran el miércoles cuando se repartirían más hortalizas. Betty estaba desilusionada.

—Ves, ni siquiera puedo tener espinacas cuando quiero.

Betty giró y caminó por la calle pisando fuerte, pero de pronto vio algo que la hizo detenerse. Pegado en un tablero afuera de la biblioteca había un boletín sobre los huertos de la victoria. Decía que sembrar un huerto de la victoria haría que las raciones domésticas rindieran más, lo que puso a pensar a Betty.

—¿Crees que podría sembrar espinacas? —le preguntó a su mamá, señalando el cartel—. Así podría tener espinacas siempre que quisiera, incluso cuando el mercado esté cerrado o el producto se haya agotado.

A la mamá de Betty le gustó la idea de cultivar hortalizas. Durante la Primera Guerra Mundial ella misma había tenido un huerto de la victoria, aunque en ese entonces se llamaban huertos de la libertad. Recordó el día en que su padre limpió un terreno grande de la granja para ella y la ayudó con la siembra.

—Listo, Lillian —dijo su padre, soltando el azadón—. Tu huerto de la libertad está listo y, de ahora en adelante, su supervivencia depende de ti.

—No te preocupes, me encargaré de deshierbar y regar —prometió Lillian—. Mi huerto crecerá fuerte y sano.

—Bueno, pues comienzas con el pie derecho —le aseguró su padre—. Has preparado bien el suelo y te has asegurado de que haya una diversidad de semillas.

—Tengo repollo, lechuga, tomate, maíz y papa —dijo Lillian emocionada—. ¡Pronto tendremos todas las hortalizas que queramos!

—Fue un trabajo excesivamente duro —explicó la mamá de Betty—, pero tuvo un gran impacto en las comidas de nuestra familia, pues desde ese momento siempre tuvimos muchas hortalizas y también nos sentimos mucho más saludables.

—Si tú pudiste hacerlo, yo también puedo hacerlo —dijo Betty con entusiasmo—. Voy a sembrar todo tipo de hortalizas, no solo espinacas, así tendremos muchas cosas frescas e interesantes para comer, y ¡estaré ayudando a la causa de la guerra!

Capítulo 2

Un huerto en la escuela

Al día siguiente, en la hora del almuerzo, Betty les contó a sus amigos sus planes de horticultura.

—Un huerto de la victoria es una idea genial —dijo Dorothy mientras se dejaban caer sobre el césped de la escuela.

—Claro que lo es y te ayudaré a prepararlo —se ofreció Eli.

—Yo también —dijo George mientras se acomodaba en el pasto y sacaba una manzana de su bolsillo—, pero ¿dónde lo vas a hacer? Vives en un apartamento sin jardín, ni siquiera hay un balcón.

—Ese es el problema —dijo Betty suspirando—. El señor Jefferson, el administrador de nuestro edificio, está construyendo una jardinera de ventana para mis espinacas, pero no sé dónde puedo ubicar el resto del huerto.

—Tal vez podrías usar un lote baldío —dijo Eli—. Mi primo tiene un huerto de la victoria en un lote cerca de su apartamento y cultiva suficientes hortalizas para todas las personas de su edificio.

Betty lo pensó.

—Es una buena idea pero no hay lotes baldíos en mi vecindario.

Abrió la bolsa de su almuerzo y sacó su emparedado.

—Supongo que tendré que quedarme solo con las espinacas —añadió con desánimo.

Hubo silencio por un momento, mientras George terminaba su manzana y los otros tres se comían sus emparedados.

—Es una pena que no podamos tener un huerto aquí —comentó George—. Es excepcionalmente plano y recibe mucho sol.

—Es una idea fantástica —dijo Betty, abriendo sus ojos como platos.

—Deberíamos cultivar un huerto de la victoria en la escuela. Vamos, pidámosle permiso al señor Montgomery.

Los cuatro amigos fueron y le explicaron su idea, y el señor Montgomery les dijo que él también tenía un huerto de la victoria en su casa y que pensaba que la idea era grandiosa.

—Pero hay un problema —agregó el señor Montgomery—. Como ustedes saben, la directora está en el hospital, así que no puedo pedirle permiso. Sé que la señora Orwell está muy orgullosa de los programas deportivos de la escuela y, como el huerto ocupará algo de espacio del campo de prácticas, hay una clara posibilidad de que ella desapruebe la idea.

—Ay, pero si esperamos a que la señora Orwell se recupere de su operación, habrá pasado la mejor época para la siembra —dijo Betty con su voz llena de desilusión—. No podremos tener un huerto de la victoria sino hasta el próximo año.

—Muchos estudiantes no tienen espacio en casa para un huerto y, debido a la escasez, puede ser difícil conseguir suficientes verduras —dijo Dorothy—. Los estudiantes sanos y bien alimentados son realmente importantes, ¿no lo cree?

—Con seguridad el patio de la escuela es lo suficientemente grande —agregó Eli—. Podemos cultivar muchas hortalizas al lado del salón de clases, y dejar un espacio grande para los deportes.

—Además, estaremos ayudando a la causa de la guerra y eso es más importante que practicar deportes —agregó George.

El señor Montgomery se rio.

—¡Suficiente!, ya me han convencido —y añadió seriamente—, pero solo puedo darles permiso con una condición: si a la señora Orwell no le gusta el huerto, lo levantaremos sin quejas.

Betty pensó un momento y dijo:

—Estoy dispuesta a correr el riesgo, señor Montgomery, pues esto es importante para mí y estoy totalmente comprometida.

Los demás asintieron porque estaban totalmente de acuerdo con su amiga.

Capítulo 3
Elaboración de un plan

A la mañana siguiente, el señor Montgomery le dijo a Betty que tenía permiso de dirigirse a la asamblea de la escuela. Al principio, estaba nerviosa frente a todo el cuerpo estudiantil, pero pronto hablaba apasionadamente de los huertos de la victoria y de su plan de hacer uno en la escuela. También mencionó la posibilidad de tener que levantar el huerto si la señora Orwell lo desaprobaba.

—Podemos cultivar muchas verduras deliciosas —dijo—. Compartiremos el trabajo y la producción. Será muy satisfactorio comer alimentos cultivados por nosotros y será mucho más barato que comprarlos en el mercado.

A la mayoría de los estudiantes les gustó la idea del huerto, y algunos asintieron enseguida. Unos pocos dijeron que no querían involucrarse en caso de que la señora Orwell les ordenara levantar el huerto y una niña dijo que ella preferiría plantar flores.

—Las flores serían atractivas —admitió Betty diplomáticamente—, pero durante una guerra debemos concentrarnos en suministrar alimentos y otras cosas esenciales.

Hacia el final de la asamblea, muchos voluntarios se habían inscrito para ayudar.

—Tenemos trabajadores de sobra —dijo Betty a Dorothy, mientras regresaban a su salón de clases—. Ahora todo lo que necesitamos son herramientas.

—No te olvides de las semillas —le recordó Dorothy—. ¡Necesitamos tener algo para sembrar!

Betty y sus amigos pusieron un mensaje en el boletín escolar pidiendo contribuciones para el huerto. Algunas personas les prestaron herramientas de jardinería, otras dieron semillas y otras ofrecieron su tiempo y trabajo como voluntarios.

El señor Montgomery les prestó un libro del Departamento de Agricultura llamado *Huertos de la victoria* que él mismo había usado, el cual tenía ideas geniales: cómo preparar el suelo, cómo sembrar y cuidar las semillas. También les aconsejaba no sembrar demasiado de una sola verdura, porque la idea era tener un suministro continuo de una variedad de hortalizas. Así, nada se desperdiciaría.

Los niños estudiaron las tablas y el calendario de siembra del libro, y luego elaboraron un plan para su propio huerto. Decidieron comenzar con tomates, frijoles, lechuga, repollo, zanahoria y cebolla.

—Además, tendremos muchas espinacas —dijo Betty—. Solo puedo cultivar una pequeña cantidad en la jardinera de mi ventana, ¡y no quiero que se me acabe!

Cuando el plan estuvo terminado, los niños pidieron al señor Montgomery que lo revisara en caso de que hubieran olvidado algo importante.

Detective del lenguaje

La palabra subrayada es un pronombre complemento que se refiere al plan. Busca en esta página otro pronombre complemento. ¿A quién se refiere?

El señor Montgomery estudió el plan cuidadosamente.

—Han hecho un trabajo a conciencia —dijo—, pero creo que deben ubicar los tomates en la parte de atrás para que no les intercepten la luz solar a las demás hortalizas.

Eli sonrió mientras hacía cambios al plan.

—Olvidamos la altura a la que crecen los tomates —dijo—. Gracias, señor Montgomery.

Después verificaron que tuvieran todas las semillas que necesitaban.

—Tenemos todo, excepto semillas de tomate —dijo Eli.

—¡Ah! Mi abuelo está cultivando plántulas de tomate en bandejas —dijo Dorothy—. Cuando estén listas para el trasplante le puedo pedir algunas. Estoy segura de que no le importará.

—¿Cuándo piensas que estarán listas? —preguntó George.

—Ya están casi listas —dijo Dorothy—. El abuelo planea trasplantarlas este fin de semana.

—Maravillosamente oportuno —dijo Betty—. También prepararemos nuestro huerto este fin de semana. En la asamblea escolar del viernes les pediré a todos que vengan a ayudar.

—También debemos invitar al señor Montgomery —dijo George—. Solo para que mire, no para que trabaje, por supuesto.

—Buena idea, él puede ser el invitado de honor a la inauguración de nuestro huerto de la victoria —dijo Betty.

Capítulo 4
Trabajo en grupo

El sábado en la mañana, Betty, Dorothy, Eli y George llegaron temprano a la escuela para señalar el área del huerto antes de que aparecieran los ayudantes.

Dorothy y Eli usaron un cordel para demarcar un gigantesco rectángulo sobre el césped, y tuvieron cuidado de dejar un camino amplio alrededor de la parte de afuera.

—Así, las personas pueden caminar alrededor del huerto sin perturbar las hortalizas —dijo Dorothy.

Luego, George y Betty clavaron una estaca de madera en cada esquina y todos ayudaron a amarrar el cordel firmemente de una estaca a la otra.

—Veo que ya están trabajando duro —gritó el señor Montgomery mientras se acercaba al lugar del huerto—. La forma del huerto luce matemáticamente perfecta.

Betty se volteó para saludar a su maestro, pero se detuvo sorprendida. <u>Él</u> no vestía su traje habitual, en cambio tenía un overol viejo, una camisa informal y un sombrero de ala ancha.

El señor Montgomery se rio de su expresión.

—¿De verdad creyeron que solo vendría a mirar? —preguntó—. ¡No quiero perderme lo mejor!

Detective del lenguaje La palabra subrayada es un pronombre personal. ¿A quién se refiere?

Pronto llegaron otros ayudantes, muchos con palas, rastrillos, regaderas y demás implementos de jardinería.

Betty les dijo que su primer trabajo era excavar y remover el suelo. Todos ayudaron alrededor de los bordes, usando el cordel para guiarse, pero era un trabajo difícil pues el suelo estaba duro y era difícil romperlo. Solamente excavar el perímetro del huerto les tomó casi una hora.

Betty no lo podía creer. Movía su cabeza de un lado a otro mientras removían el cordel.

—Esto es más difícil de lo que había imaginado —les dijo a los demás—. A este paso, vamos a estar excavando y removiendo la tierra todo el día, y no tendremos tiempo para sembrar nada.

Fue entonces cuando el hijo del señor Montgomery, Robert, llegó con un caballo que jalaba una maquinaria.

—Lo siento, me retrasé —gritó Robert—, pero me tomó un buen tiempo venir desde la granja, y también sé lo duro que es el suelo por acá, así que traje mi caballo y mi arado para ayudar a labrar la tierra.

Todos miraban atónitos mientras Robert llevaba el caballo al área del huerto y colocaba el arado. Lenta y continuamente, fue guiando el caballo de un extremo al otro del trazado del huerto, mientras el arado revolvía el terreno y dejaba hileras de tierra apiladas y desniveladas tras él.

—Apreciamos muchísimo tu ayuda —dijo Betty cuando el hijo del señor Montgomery terminó—. Ahora, nuestro trabajo será mucho más fácil.

Aunque Betty estaba aliviada porque el trabajo se hiciera tan rápido, también estaba un poco preocupada. El césped que antes era plano y liso ahora estaba totalmente revuelto y definitivamente había menos espacio para jugar. ¿Qué diría la señora Orwell?

Todos los ayudantes estaban ocupados trabajando. Betty dejó a un lado sus preocupaciones y se unió. Una hora después, el huerto había sido arado y estaba listo para la siembra.

Tras una breve interrupción para almorzar, unos comenzaron a hacer surcos, mientras otros los seguían esparciendo las semillas. Luego, cubrieron las semillas con tierra y regaron el suelo con agua, y cuando el huerto estuvo terminado, todos estaban mugrientos y exhaustos, pero también muy orgullosos de sí mismos.

En ese momento, llegó un reportero y se acercó al señor Montgomery.

—Cuénteme sobre su huerto de la victoria —dijo.

El señor Montgomery negó con la cabeza.

—No es mi huerto —dijo—. Solo soy un ayudante; la jefa de operaciones es Betty.

—Entonces, ¿fue tu idea, Betty? —preguntó el reportero.

Betty también negó con la cabeza.

—No, yo solo quería un huerto para mí. Fue a George a quien se le ocurrió la idea de hacerlo en la escuela.

—Todos trabajamos juntos —dijo George con una tímida sonrisa.

Cuando terminaron de contar su historia, el reportero había escrito varias páginas de notas y estaba listo para tomar una fotografía.

Todos se alinearon y sonrieron, pero tan pronto accionó la cámara, se escuchó una voz que gritaba:

—¡Paren, paren!

Era la señora Orwell, que se acercaba en una silla de ruedas empujada por su esposo. Los cuatro amigos se miraron ansiosamente uno al otro.

—Acabo de enterarme de lo que está ocurriendo —dijo la señora Orwell—. ¿En qué estaban pensando? —quiso saber.

Los niños volvieron a intercambiar miradas y Betty sintió que su estómago se hacía un nudo.

La señora Orwell continuó:

—¿Cómo se les pudo ocurrir que yo permitiría… que este reportero se fuera sin que le diga lo orgullosa que estoy de todos ustedes? —terminó con una sonrisa resplandeciente—. A Betty y a todos los ayudantes: ¡que su maravilloso huerto de la victoria ayude a traernos la victoria a todos!

Respuesta a la lectura

Resumir

Usa los detalles más importantes de *El huerto de la victoria* para resumir el relato. Usa el organizador gráfico como ayuda.

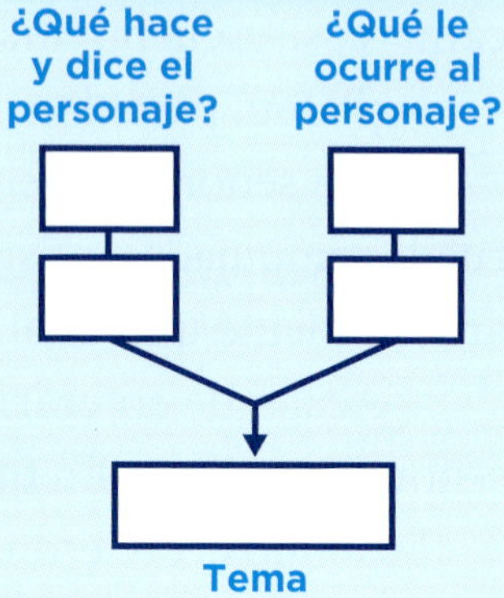

Evidencia en el texto

1. ¿Qué características del texto te ayudan a identificarlo como ficción histórica? **GÉNERO**

2. ¿Cuál es la "causa" en *El huerto de la victoria*? ¿Qué grupo contribuyó a esa causa? ¿Qué hizo el grupo? **TEMA**

3. En la página 7, las palabras *ay* y *hay* suenan igual pero tienen significados diferentes. ¿Qué significa *ay*? Usa las claves de contexto. Luego, busca otros dos pares de homófonos en el relato. **HOMÓFONOS**

4. Betty y sus amigos dieron razones para hacer un huerto de la victoria en la escuela. Escribe acerca de sus razones. ¿De qué manera la inclusión de estas razones ayuda a transmitir el tema del relato? **ESCRIBIR SOBRE LA LECTURA**

Género Texto expositivo

Compara los textos

Lee cómo los huertos de la victoria ayudaron a Estados Unidos durante la Segunda Guerra Mundial.

Horticultura para el TIO SAM

Durante la Segunda Guerra Mundial se necesitaba una gran cantidad de alimentos para las fuerzas armadas. La escasez de mano de obra y de transporte dificultaban la producción de alimentos y su transporte a todo el país.

Para que todos tuvieran suficiente alimento el gobierno de Estados Unidos instauró el racionamiento y pidió a los ciudadanos que cultivaran huertos de hortalizas. Carteles, periódicos, películas y revistas insistían en que las personas sembraran lo que pudieran. La gente reemplazó jardines y flores por hortalizas. La horticultura era su contribución a la causa de la guerra. Era un deber patriótico.

Huertos domésticos en la Primera Guerra Mundial

Los huertos de la victoria no fueron una idea novedosa. Durante la Primera Guerra Mundial, el gobierno de EE. UU. motivó a la gente a cultivar huertos, que se conocieron como los huertos de la libertad.

Cuando se impulsaron por primera vez los huertos de la victoria, muchas personas no sabían mucho sobre horticultura. El Departamento de Agricultura de Estados Unidos publicó folletos para dar información. *Los huertos de la victoria,* publicado en 1942, enseñó a los lectores cómo preparar el suelo, la siembra, el cultivo y la cosecha. Incluso dio consejos sobre cómo cocinar los vegetales.

Los huertos de la victoria comenzaron a crecer por todo el país. En las ciudades, se hacían en cualquier espacio disponible: jardineras en los aleros de las ventanas, recipientes en los balcones y techos, lotes baldíos, patios escolares y parques. En 1943, la primera dama Eleanor Roosevelt cultivó un huerto de la victoria en la Casa Blanca.

El gobierno estadounidense ayudó a los ciudadanos a aprender sobre horticultura y la promovió como una manera de apoyar la causa de la guerra.

National Archives/Time & Life Pictures/Getty Images

Algunas personas plantaron huertos de la victoria individuales para alimentar a sus familias. Otras contribuyeron con huertos comunitarios. Muchos cultivaban más de lo que necesitaban y compartían el exceso con sus vecinos. Hacer esto les ayudaba a sentir que colaboraban para que Estados Unidos ganara la guerra.

La campaña de los huertos de la victoria fue muy exitosa. Durante la Segunda Guerra Mundial se crearon alrededor de 20 millones de huertos de la victoria en Estados Unidos. Produjeron más del 40 por ciento de las frutas y hortalizas de la nación. Gracias a este programa, la dieta de las personas mejoró enormemente y también hubo más comida disponible para enviar a las tropas. Con la siembra de los huertos de la victoria el pueblo estadounidense hizo una significativa contribución a la causa de la guerra.

¿? Haz conexiones

¿Por qué se necesitaron huertos de la victoria durante la Segunda Guerra Mundial? ¿De qué manera las personas que los cultivaron ayudaron a la causa de la guerra?
PREGUNTA ESENCIAL

Usando ejemplos de *El huerto de la victoria* y *Horticultura para el tío Sam* explica por qué las personas estaban dispuestas a trabajar duro en la siembra de estos huertos.
EL TEXTO Y OTROS TEXTOS

Enfoque:

Elementos literarios

Escenas retrospectivas Las escenas retrospectivas se usan tanto en ficción y en no ficción. Son partes de un texto que cuentan lo que ocurrió en un tiempo anterior al del relato o artículo principal. Las escenas retrospectivas dan información sobre un personaje o suceso. Con frecuencia, el escritor le permite al lector saber que el relato va a retroceder en el tiempo cuando hace que un personaje se detenga para volver a contar o a recordar el pasado. Una escena retrospectiva puede ser larga o corta. Puede estar en un capítulo separado o ser parte del texto principal.

Lee y descubre En la página 4, la mamá de Betty recuerda su niñez y el huerto de hortalizas que su papá le ayudó a hacer. La escena retrospectiva se cuenta como si estuviera ocurriendo en el "presente" (en realidad pasó entre 1916 y 1918). Al final de la escena retrospectiva, la escritora nos regresa a la época de la narrativa principal.

Tu turno

Piensa en Betty y en el huerto que ayudó a organizar en su escuela. Sería muy vieja si aún viviera. ¿Cómo podría reflexionar sobre su huerto y los alimentos que cultivaron ella y sus amigos de la escuela? Escribe una escena retrospectiva breve desde el punto de vista de Betty, en la que describas cómo se sentía por su contribución a la causa de la guerra.